Souvenirs

DE

1793 et 1794,

PAR

MADAME **CLÉMENT** NÉE **HÉMERY**,

Des Sociétés royales des Sciences, Arts et Belles-Lettres de Lille et d'Arras.

Des Presses de Lesne-Daloin,
A CAMBRAI.

M DCCC XXXII.

Ce Chapitre est extrait d'un Ouvrage que l'auteur se propose de publier incessamment.

CHAPITRE III.

Un Atelier.

« Sous le régime révolutionnaire, le despotisme
» ne fit que changer de ton et de costume, au lieu
» de frapper au nom de Dieu, c'était au nom de
» la Patrie qu'il écrasait; l'esprit de parti et de
» domination couvrit la France d'échafauds. »

BOISTE.

Il fallait voir ces groupes animés; l'un de jeunes filles rieuses, insouciantes de la vie qu'elles ne fesaient qu'entrevoir; l'autre de figures graves, réfléchies, vivant dans l'avenir, ne quittant le pinceau que pour charger la palette, et dont le front large reflétait de nobles, de grandes pensées. Celles-là, c'étaient des artistes.

Je fesais partie des premières; l'atelier, celui de M. Regnault, artiste célèbre (1), excellent homme, aimé, respecté de ses élèves, qu'il ne flattait jamais et qu'il avait l'art d'encourager (2). Qui ne se rappelle sa femme si bonne, si sensible, sous la protection de laquelle nous étions aussi exactement surveillées que dans le couvent le plus austère (3); jamais un mot équivoque n'était prononcé dans ce temple des arts, et pourtant trente à quarante jeunes personnes de 14 à 25 ans se réunissaient tous les jours, pendant sept à huit heures, entièrement abandonnées à elles-mêmes.

C'était un véritable parterre nuancé, brillant, vaporeux, tous les charmes, toutes les séductions. De jeunes femmes colorées d'une pensée de gloire, de jeunes filles pures, chastes, se précipitant follement dans la vie. Quelques-unes de ces têtes inspirées, rêveuses, types d'un monde idéal, d'une création Hoffmanique: une ou deux fesant partie de ces êtres privilégiés qu'on a toujours vus, toujours compris, qui semblent avoir des droits innés à votre amour: leur supériorité vous enorgueillit, leurs succès vous flattent, pour eux, tout sacrifice serait possible. On est subjugué par la puissance d'un organe qui remue l'âme; par un sourire; celui des anges. . . . . . Puis quelques jeunes fronts, déjà stigmatisés par les passions dévorantes, quelques autres crispés par des impressions haineuses, que la société ne repousse pas avec assez d'énergie, l'orgueil, l'envieuse jalousie, d'où dérivent presque toujours les déchiremens qui dépècent l'existence.

Entre toutes brillait, comme la perle que l'aube du mois de Mai dépose sur l'émeraude de nos prairies, Adèle Tornezy : il y avait de la magie dans son élégante et gracieuse tournure, de la poésie, dans son regard fin et spirituel. Le sourire malin qui formait des fossettes à ses joues fraîches, à son menton délicatement arrondi, développait des lèvres de feu, admirablement dessinées; l'esprit pétillait dans chacune de ses paroles légèrement incisives, sans jamais blesser (4). Cet ensemble tout aérien, renfermait une âme héroïque, une pensée forte, un génie créateur. Je l'ai perdue de vue depuis de longues années, si sa carrière n'a pas été illustre, c'est qu'elle n'a pas vécu. Sa sensibilité expansive s'étendait au-delà de sa famille, elle avait des larmes pour le chagrin, de l'or pour l'indigent, des conseils pour tous; vive, franche, gaie, enthousiaste, passionnée pour l'art qu'elle cultivait avec succès; Tornezy était l'idole de monsieur et madame Regnault, et de tous ceux qui pouvaient apprécier les brillantes qualités de son cœur et de son esprit. Je n'affirmerais pas que tout l'atelier appréciât ce noble type de jeune fille. Sa supériorité excitait par-ci, par-là, quelques mouvemens haineux, stimulés par l'amour propre froissé. . . . . Je ne vous nommerai pas, faibles créatures dont les yeux si tendres, si doux, se *furibondaient* aux gracieuses réparties d'Adèle; en vain, vos chuchotemens, vos exclamations calculées murmuraient les mots *favorite*, *préférence*, *bonne madame* Regnault, *modèle*, *Lena*, etc.; ne pensez pas que ces calomnies aient échappé à Tornezy, elle en riait avec cette candide assurance que donne l'indulgente vertu. L'amitié dont elle m'honorait, malgré la différence de notre âge, est un des plus doux souvenirs de ma vie.

Mademoiselle de Longueville était, après Tornezy, la plus influente de l'atelier, ses traits, chacun peut les connaître, M. Regnault les a immortalisés dans son tableau de *la volupté*. Sa peau semblait *tissée* d'air, sa transparence, son incroyable blancheur, laissaient apercevoir la circulation. Sa belle tête avait une expression de dédain, que ses paroles ne démentaient pas: elle était née pour commander. Vaniteuse, elle gâtait un esprit réel par le désir de le mettre en évidence; sensible, elle en imposait à son cœur et rougissait d'une larme. Un ton parfait, des manières nobles, aisées, la distinguaient, elle aimait à parler, on l'écoutait avec plaisir, son organe était agréable; de l'instruction, de la causticité, rendaient sa conversation piquante et attrayante lorsqu'on était à l'abri de ses traits; elle savait aimer, (Vallière et moi pouvions l'affirmer). Sa mise élégante, recherchée, était pleine de goût; elle embellissait les modes que créait Tornezy : pourquoi faut-il que tant de qualités aimables aient été noyées, dans un océan d'imperfections, de celles qui tracassent, tels que l'inégalité de l'humeur, l'aigreur des expressions, le dépit concentré. Il est probable que cette jeune et belle créature éprouvait des chagrins domestiques, que sa fierté l'empêchait d'avouer. On briguait son suffrage, celles qui la détestaient en secret, se *grandissaient* du mot que par hasard elle leur adressait; malheureusement on la jugeait sur les dehors, et son âme renfermait des trésors inaperçus par la multitude.

Madame Mongez, femme du savant médaillliste, avait à peine 18 ans, déjà elle était artiste; lorsque ses beaux yeux se dirigeaient vers le ciel, nous suivions involontairement ce regard intuitif, persuadées que les nuages allaient s'ouvrir pour lui révéler un mystère; tout à son art, madame

Mongez parlait peu ; il y avait de la beauté dans l'expression de sa physionomie, de l'enthousiasme dans ses mots, nous avions pour elle de l'admiration, de l'estime, du respect même.

Vallière, la jolie, la douce, l'aimable fille, chacune en raffolait, c'était moins ses traits fins et réguliers, ses grands yeux spirituels, sa taille parfaite, qui séduisaient, que son heureux caractère, sa modestie, sa candeur virginale, elle était le point de mire de tout l'atelier. Près d'elle, aucune opinion ne se heurtait, aucune médisance n'effleurait les lèvres; on était si bien, si heureux, en causant avec elle; elle savait des mots qui *létifiaient* le cœur; on respirait avec délices, il y avait de l'ange dans son affectueuse bonté, dans son sourire inimitable; elle était mon amie intime, c'était pour la voir plus souvent, que j'étais entrée à l'atelier ; son âme était si pure, sa pensée si sage!... La fière, la fière Longueville, n'avait pour Vallière, que des sourires tendres, que des paroles suaves, et de ces prévenances délicates qui embellissent l'intimité.

Mademoiselle Latouche, était une grande et belle fille, bonne, spirituelle, très aimée de ses compagnes, ainsi que sa cousine Eudora, charmante créature. Mercken, jolie et svelte, plaisait par sa naïveté; son accent allemand ajoutait du piquant à ses reparties originales. Fourcy, avait une santé parfaite, une peau éblouissante, une tête agréable; sa gaîté, sa complaisance, la fesaient chérir. Sophie Périer, figurait parmi les plus jolies de l'atelier; elle joignait à l'esprit un jugement parfait, des talens; ses pensées, souvent moqueuses, n'altéraient pas la bonté de son cœur.

Alexandrine Naudet, jolie, petite, aimable fille, était timide et sans prétention; l'affabilité, la douceur de son caractère, intéressaient généralement; ses joues si rondes, si fraîches, si roses, fesaient plaisir à voir. Chérie de madame de Montesson (4), qui présidait à son éducation; elle avait acquis auprès de sa noble protectrice, des manières aisées, un ton excellent, un goût parfait; si sa carrière s'est prolongée, elle a dû faire le bonheur de sa famille, car ses vertus n'étaient pas seulement le fruit de l'éducation, elle les devait à la nature. Dérigny, figure fraîche, traits charmans, caractère enjoué, et moi, formions avec les huit dernières nommées, un groupe de *peintres amateurs,* étroitement liées pour mettre en action un des jolis vers de Gresset. La bonne R****, la crédule G*********, étaient nos souffre-douleurs; mais, comme nos espiégleries n'avaient aucun caractère de méchanceté, elles en riaient les premières.

Je ne parlerai pas de madame Auzou, artiste distinguée, que rien ne pouvait distraire de ses études, ses tableaux, mentionnés honorablement dans toutes les expositions, suffisent à sa gloire, son nom ne se rattache à notre atelier que pour l'honneur du maître, car, ainsi que madame Mongez, et trois ou quatre autres inspirées, nous n'étions, aux yeux de ces dames, que de petites étourdies, bien fraîches, bien gracieuses, qui fournissaient, au besoin, de charmans modèles.

Je ne puis oublier, parmi celles qui travaillaient à se rendre célèbres, Lambin et Henriette, surnommées les *inséparables*.

Ce qu'on peut imaginer de bonté, d'affabilité, de sensibilité, était le partage de ces deux excellentes filles. Le contraste de leur figure produisait une hilarité générale, lorsqu'elles entraient à l'atelier.

Lambin, âgée de 23 à 24 ans, avait une tête de 18 pouces du sinciput au menton; un nez de 4 pouces se détachait de deux joues creuses et s'harmoniait assez bien avec des yeux qui auraient fait l'envie d'une coquette. Ils étaient si doux, si veloutés, et par fois remplis d'un feu sombre qui pénétrait ; des cheveux comme l'aîle du corbeau, brillans, satinés, ondulés, tombaient avec grâce sur un cou grêle; une peau brune et ferme recouvrait une charpente osseuse, pleine de vigueur, en dépit de l'excessive maigreur qui laissait presque à nu les fibres et les muscles. En examinant ce tout hétérogène, on devinait une âme virile, des pensées nobles, une imagination exaltée, un cœur brûlant. On présumait que les passions combattaient avec cet être de raison que nous nommons *vertu*. J'ignore quel était le secret de cette fille extraordinaire, elle en avait un, j'en suis sûre ; elle éprouvait une passion d'artiste, une passion désorganisatrice, qui la fesait vivre en dedans, et ravageait l'enveloppe; toutes ses expressions étaient passionnées. Il y avait de l'idéalisme dans son avenir : je l'ai revue en 1797, elle n'était point encore désabusée de la vie, et pourtant (je le crois), elle avait de ces chagrins qui nous suivent dans la tombe.

Mille fois révoltée de mon indifférence, elle me disait, après m'avoir regardée extatiquement: « Ce serait une anomalie qui rendrait sceptique, » il est impossible que tu n'aies pas encore brûlé

» de ce feu dévorant qui absorbe tout. Si tu n'as » pas aimé, tu aimeras, rien ne peut affranchir » de cette loi sur-humaine, ton indifférence est » un oubli de vivre, un sommeil sans rêves, tu » regretteras les jours, les heures, où ta main » n'aura pas senti battre un cœur à toi, une » minute d'amour est une existence entière. »

Je riais, Lambin s'impatientait, prophétisait; ses yeux s'animaient d'une expression inexplicable, en l'écoutant, on oubliait sa figure, tout le monde l'aimait, elle s'était attachée à moi, parce que je plaisais à son inséparable qui m'appelait sa fille. Bonne Henriette, tes lettres que j'ai conservées prouvent que j'ai apprécié la beauté de ton âme et tes douces vertus. Lambin, nourrie des essais de Montaigne, avait autant d'exaltation en amitié qu'en amour. Henriette, protégée par le caractère grandiose de son amie, jouait avec les passions ; confidente de Lambin, vivant toutes les deux en artistes, sans souci du lendemain, l'une pratiquait les vertus dont l'autre développait la brillante théorie, et calmait, par des attentions soutenues, l'irritation d'une âme lancée dans le champ de la fallacieuse espérance, et en proie, (je le suppose), à des désirs non partagés, si elle n'était victime d'une perfidie.

La figure d'Henriette avait en largeur, en

horizontalité, la longueur, la verticalité de la figure de son amie, c'était une lune à son plein, des joues fraîches, luisantes, des mains potelées, des bras gras et charnus, une poitrine large, satinée, la peau tendue au point de faire craindre une solution de continuité... Saisissez-vous le contraste des inséparables, partageant leur vie, leurs travaux, leurs plaisirs, toujours à côté l'une de l'autre, n'ayant qu'une volonté, avec deux corps si dissemblables. La mine riante d'Henriette, son teint blanc et rose, les fossettes indiquées de ses joues, de son menton, l'émail de ses petites dents, ses yeux éveillés, malins : puis la figure rêveuse, longue et jaune de l'autre, c'était à pouffer de rire, elles-mêmes en plaisantaient, Lambin appelait Henriette son vampire.

Madame B**, une autre de mes amies, était une jolie femme impressionnable, mélancolique, ses grands yeux bleus, éteints, ses joues décolorées, sa taille élégante, légèrement inclinée, laissaient deviner que les ressorts de sa vie s'étaient brisés, que déjà elle n'appartenait plus à ce monde. Privée des objets de son affection, elle voulait les rejoindre; sa résignation arrachait des larmes, elle riait de sa dissolution, jetait avec dédain des jours que sa jeunesse, ses attraits, ses vertus auraient pu embellir : souvent, en voyant mes yeux s'arrêter sur sa figure amaigrie, elle me disait avec âme : « Pourquoi veux-tu exciter mes regrets, je suis » si heureuse de l'idée de les retrouver, d'être à » eux pour toujours, ta tristesse me fait mal, » crois-moi, ne plains que ceux qui survivent... » Elle est morte en souriant..., à vingt-deux » ans! »

Peindre Eugénie....., impossible; sans être jolie, sa figure était agréable, ses yeux bleus s'harmoniaient si bien avec ses cheveux blonds, il y avait tant de bienveillance dans son rare sourire, tant de mélancolie sur son front ouvert, tant de fierté dans son regard d'aigle, tant de sentiment dans ses expressions habituelles, et de franche rudesse dans ses improvisations, qu'il fallait l'aimer ou la haïr. Je l'aimais beaucoup sans pouvoir définir le sentiment qu'elle m'inspirait, sa bonté m'attirait, sa gravité m'en imposait, ses sages conseils m'électrisaient.

Lambin et Henriette étaient les amies d'Eugénie, une partie des dames de l'atelier semblait éprouver de l'effroi à son aspect; il ne m'était jamais venu à la pensée de questionner à son sujet, ni de réfléchir sur l'impression qu'elle excitait, impression qui se manifestait par d'obséquieuses prévenances, où par des observations impolies, je n'y comprenais rien, nous dévoilerons ce mystère.

Rassurez-toi, Sophie, ton nom ne figurera pas dans cette galerie, du moins tu pourras le lire sans que ta modestie ou ta susceptibilité s'effarouchent; grave mère de famille, tu as oublié les premiers sentimens, les premières sensations de ta vie, je n'ai rien oublié moi, je conserve le souvenir de tes précieuses qualités avec une éternelle reconnaissance.

Il était bien d'autres charmantes filles dans l'atelier de M. Regnault, je n'ai cité que mes affectionnées, il serait difficile de créer une réunion plus nombreuse de beauté, d'esprit, de grâces, de talens, cependant des exceptions, ainsi que des ombres habilement placées, fesaient ressortir les figures principales et les mettaient sous le jour le plus favorable, Mlle Gui**, une de ces créatures disgraciées, qui tiennent le milieu entre la chouette et le carlin, avait, outre d'incroyables prétentions, une crédulité, un amour *de soi*, une vaniteuse bonhommie à exciter le rire d'un sectateur d'Héraclite, son ignoble, son effrayante figure, lui paraissait le type des beautés idéales, elle s'étonnait de notre dégoût pour une coupe aussi originale ; modèle unique en son genre, sans cesse elle nous étourdissait pour poser, afin de bien nous pénétrer de la régularité de ce qu'elle appelait ses traits. Gui** n'était pas seulement d'une laideur repoussante, d'énormes os surmontaient des jambes épaisses et courtes, la distance d'une épaule à l'autre était de deux pieds, ce large dos formait une courbe régulière de la nuque aux reins; une ligne droite des clavicules au fémur offrait une surface absolument plate, en se figurant un arc tendu, on aura l'idée de cette bizarre construction, et cependant Gui** se croyait belle, bien faite, elle avait des prétentions à l'esprit, au savoir, aux talens; sa bêtise, son ignorance, sa nullité surpassaient sa laideur; au milieu de cet inconvenable orgueil, cette singulière fille avait un cœur excellent, une bonté à toute épreuve, une extrême complaisance dont nous abusions outre mesure, sans que rien la rebutât; jamais elle ne se fâchait, lorsqu'on l'accablait de mauvaises plaisanteries, ou de complimens exagérés; les unes étaient produites par l'envie, les autres dus à la force de la vérité; il n'y avait pas moyen de changer son opinion sur sa personne; elle était notre jouet et se croyait notre génie inspirateur; elle arrivait à l'atelier la première et sortait la dernière, espérant, par sa ténacité, vaincre les difficultés que lui offrait l'art de la peinture; elle copiait péniblement ses modèles, ne leur donnait ni âme ni coloris, et croyait produire des chefs-d'œuvres; toujours en face d'une grande glace, elle avait l'habitude de se regarder à chaque instant, aussi reproduisait-elle sur la toile les teintes terreuses et basanées de sa peau ; les tableaux qu'elle destinait au salon, n'étaient que des caricatures, bonnes pour les vitrages de la rue du Coq.

Plusieurs de mes compagnes et moi arrivâmes un jour de très bonne heure; en ouvrant la porte de l'antichambre de l'atelier, nous entendîmes parler à haute voix. Cette antichambre, prise dans la pièce principale, était formée de planches de 7 pieds, mal jointes, permettant de voir ce qui se passait dans l'atelier, nous approchâmes doucement et vîmes Gui**, nue jusqu'à la ceinture, en extase devant la glace et disant : (6) « Je ne sais pourquoi ces dames plaisantent » continuellement sur ma tournure et ma figure; » je ne suis pas grande, Alexandre ne l'était pas, » certes; c'était un *grand homme,* si je penchais » ma tête on me prendrait pour lui.

» On dit que mes yeux sont trop gros; ils » ressemblent à ceux de Junon ; rien de plus » poétique que des yeux de vache..... Mon nez » est très court, j'en conviens, celui de Socrate

» n'était pas plus long ; je pense qu'il est flatteur » de ressembler à un sage. Mon sein n'est pas » volumineux, c'est celui de Vénus, ces dames » n'en parlent que par envie. Minerve n'avait » pas la peau plus blanche que la mienne ; en » dernière analyse, je réunis les beautés des trois » Déesses et je me moque de ce que les autres » pensent. »

Tout en discourant, Gui** s'était successivement affublée d'une draperie grecque, d'une ceinture en guise de ceste, puis d'un casque, d'une cuirasse, d'une lance, meubles obligés d'un atelier ; elle était ainsi costumée lorsque nous entrâmes précipitamment, riant aux éclats, et la nommant Déesse de la sagesse.

Surprise d'abord, ses joues *caséiformes* devinrent *rutilantes*. — « Riez tant qu'il vous plaira, je » sais à quoi m'en tenir, j'ai la preuve que vous » ignorez l'antique ; il suffit de jeter un coup-» d'œil sur les modèles qui sont dans l'atelier, » pour se convaincre que vous ne savez pas » m'apprécier. » — Cette scène, plus originale qu'on puisse le décrire, a dû servir de thème à l'auteur de Fra-Diavolo, à qui l'un des témoins l'aura racontée.

Gui**, comme je l'ai dit, se croyait de l'esprit,

de l'éloquence; son organe, à la fois rauque et aigu, ressemblait à celui d'un vieux doguin; nous avions l'habitude de lire à haute voix, pendant qu'on dessinait la bosse; chacune devait à son tour, faire cette corvée. Gui** se mettait toujours en avant, insistait pour doubler son tour, et nous donnait la comédie; c'était à se fracturer les fibres, lorsqu'avec un sérieux *pavanesque*, elle disait *mar* pour mars, *hujenot* pour huguenot, *famile* pour famille, *rosse* pour rose, etc., etc.

Cette fille si ridicule avait une sensibilité, une obligeance qu'on ne peut trop admirer, jamais l'excellente créature ne refusa de rendre un service. C'est en croyant nous obliger que nous la fesions parcourir Paris, d'une extrémité à l'autre, sous les prétextes les plus frivoles. Il est permis d'être laid avec un cœur comme le sien.

Un mot de moi. J'étais à l'atelier dans la classe des amateurs, ce n'était pas une recommandation auprès du maître, aussi mes progrès furent-ils problématiques. Mes compagnes me chérissaient toutes, je les aimais avec l'effervescence d'une tête exaltée de 14 ans. Elles se plaisaient à terminer le dessin ou l'académie que j'avais commencés. M. Regnault, dans sa courte leçon, trouvait rarement des observations à me faire, le mot *passable* retentissait chaque jour à mon oreille, et cependant je m'apercevais que je n'apprenais rien. Mais qui aurait résisté aux prières si flatteuses de ces têtes d'anges, me disant sans cesse. — Pose pour moi. — Tu ne peux me refuser ton oreille, elle est si jolie. — De grâce : criait la belle Mongez, posez pour le tableau que je dois exposer. — Puis la vive Tornezy : lis où je ne travaille plus; ton organe est si pur, tu lis avec tant de charmes (7), que je suis inspirée quand je t'écoute.... Je vous le demande, comment se défendre de tant de séductions? Aussi, en dépit de ma maîtresse de pension, qui s'intéressait à moi comme à la sœur la plus chérie, qui gémissait de mon insouciance pour l'art qu'elle préconisait et qu'elle cultivait heureusement, je ne quittais la table de modèle que pour obtenir l'attention d'un auditoire indulgent au point d'oublier l'heure de la séparation pour m'écouter.

Je m'efface entièrement pour arriver à mon but.

A cette époque, d'horrible mémoire, M. Regnault disputait encore au célèbre David, le sceptre du talent, et cependant *Socrate buvant la cigüe, les Horaces existaient*, des merveilles sortaient chaque année sous son pinceau, tandis que M. Regnault semblait avoir épuisé son génie dans son tableau de l'*Éducation d'Achille par le centaure Chiron*.

David n'avait pas oublié que, concurrent de M. Regnault pour le grand prix, ce dernier l'avait emporté (8). David savait son génie, sa supériorité; lui qui voulait être, qui déjà était le chef d'une nouvelle école française, ne pardonna pas le jugement de l'Académie. Sa loyauté, sa générosité d'artiste s'effacèrent pour n'être plus qu'un rival haineux, tracassier; il renia sa conscience afin de se venger. De qui? du bon et sensible Regnault, qui avait justifié le jugement des académiciens par un chef-d'œuvre; d'un homme heureux dans son ménage, voué aux arts, ne quittant la palette que pour la musique, ayant des goûts simples avec une imagination exaltée, insoucieux des évènemens graves qui se pressaient autour de lui; vivant enfin de la vie joyeuse et colorée d'un véritable artiste (9).

Pour arriver à son but, David embrassa avec ardeur les principes révolutionnaires (10). Jacobin exalté, ami dévoué de ce Marat qui demandait 300,000 têtes d'hommes, comme un enfant obstiné demande un jouet. Prôné par ce tigre furieux, l'artiste fut nommé député à la convention; siégea sur cette terrible montagne déshéritée de tout sentiment humain, qui, dans son paroxisme sanguinaire, jeta dans la boue la tête d'un Roi.....

Le premier usage que fit David de son pouvoir, fut de dénoncer et de faire arrêter M. Regnault accusé d'aristocratie.... La vengeance de l'artiste n'eut pas de suite, une main secrète et bienveillante veillait aux destins de M. Regnault.

David, étonné de la liberté rendue à celui dont il avait juré la mort, crut qu'il y avait erreur dans cette justice faite à l'homme le moins inoffensif de la terre. Il ignorait qu'une volonté plus puissante que la sienne, protégeait le maître chéri de ses élèves. David, irrité, saisit un prétexte pour dénoncer de nouveau le bon M. Regnault, devenu craintif au point de ne plus oser quitter son atelier. Il tremblait même d'en ouvrir la porte aux modèles dont il avait besoin, aussi recrutait-il parmi nous, lorsqu'il lui fallait une figure fraîche et gracieuse (11). Ayant besoin, pour je ne sais quel tableau, d'une barbe classique,

M. Regnault laissait croître la sienne depuis trois années; on ne pourrait en imaginer une plus noire, plus épaisse, mieux frisée, c'était la plus imposante, la plus jolie des barbes, nos compagnes artistes s'extasiaient à l'aspect de cette barbe qui nous effrayait, nous, jeunes filles assez dépourvues de goût pour préférer Apollon à Jupiter, et au vénérable Homère.... Cette barbe devint, pour David, un moyen de persécution; dans une séance du club des Jacobins, il dénonça cette barbe, la déclara séditieuse, signe de ralliement, enfin une conspiration tout entière; il fut décidé que le comité de *salut public* serait invité de s'occuper de cette affaire sans désemparer. La plupart des membres de ce comité, présents à la séance, rédigèrent l'acte d'accusation et l'ordre d'arrestation; David triomphait, il croyait déjà *broyer du rouge* (12), lorsqu'un des membres s'écria: — N'y aurait-il pas jalousie de métier? Avant d'arrêter le *barbu*, il faut s'assurer qu'il ait une barbe, la barbe dénoncée est peut-être postiche, pour servir de modèle. — Appuyé, appuyé, dirent quelques Jacobins, ennemis de David, consignons seulement la dénonciation, et laissons au comité de salut public le soin de s'assurer si la barbe existe, et de purger la terre des brigands d'aristocrates, *plus le corps social transpire, plus il est sain,* la motion passa malgré les murmures de Marat et du dénonciateur.

Le lendemain, lorsque M. Regnault vint, à onze heures, nous donner sa leçon, nous jetâmes toutes un cri d'étonnement. M. Regnault était rasé, je surpris sur les lèvres d'Eugénie, une muette exclamation de joie; cette Eugénie, si bonne pour moi, ne plaisait pas, comme je l'ai dit, à toutes les dames de l'atelier; le sourire dédaigneux de Longueville, des chuchotemens dont le sens m'échappait, m'intriguaient souvent, je voyais bien qu'Eugénie était redoutée, pourquoi?.... Excepté quatre à cinq élèves, chacune s'empressait de lui plaire, de la consulter, de prévenir ses désirs; les petits soins qu'on lui prodiguait, contrastaient singulièrement avec la fierté aristocratique de quelques-unes de nous, je ne m'en occupais guère. Tout discours sur les affaires publiques nous était sévèrement interdit par M. Regnault. Il était impossible que cette recommandation fut exactement observée, jeunes filles, cœurs d'artistes, c'était double sensibilité, toutes les charettes qui conduisaient au supplice les malheureuses victimes du tribunal révolutionnaire, passaient sur le quai, sous les fenêtres de notre atelier, nous versions des larmes amères à ce triste spectacle, des témoignages d'indignation, des paroles véhementes contre les assassins s'échappaient de notre bouche, je ne fesais pas attention que c'était toujours en l'absence d'Eugénie, moins exacte, quoique l'une des plus studieuses. Lorsqu'elle apparaissait à l'improviste, le silence le plus profond succédait spontanément aux discussions les plus vives. La grave madame Mongez, si douce, si réservée, si indulgente pour nos folies, prononçait un sévère *chut*... Eugénie, le front soucieux, s'asseyait devant son chevalet, travaillait sans parler, bientôt on l'entourait, on l'accablait de questions sur sa santé, etc. Je m'indignais intérieurement de ces flatteries qu'Eugénie paraissait mépriser, lorsqu'un instant avant, j'avais entendu parler de cette fille avec dédain, critiquer sa mise, d'une extrême simplicité, qui contrastait avec nos ceintures et nos tuniques antiques. Tornezy, l'aimable Tornezy, modèle de goût et d'élégance, avait créé ou plutôt renouvelé les modes attrayantes de la terre classique où vécurent Aspasie et Alcibiade. C'est de notre atelier que les vêtemens grecs sortirent pour remplacer ces informes corsages dits *à la Coblentz*.

Un jour, Tornezy apporta des ceintures de laine ponceau, des bandelettes de même couleur, elle choisit Vallière, Longueville, Mme Mongez,

Latouche et moi, nous attacha les bandelettes et la ceinture semblables à celles dont elle était parée, puis nous engagea à l'accompagner au Muséum, ensuite aux Tuileries, nous hésitâmes, mais qui pouvait résister aux prières de Tornezy. Voyez-vous six femmes dont j'étais la plus jeune et la moins jolie, se disputant de fraîcheur, de gaîté, de grâce et de coquetterie, parées comme les victimes sacrifiées en Tauride, les cheveux lisses, parfumés, à côté de ces gras et dégoutans bonnets rouges, de ces carmagnoles républicaines, souvent sales, déchirées, et la svelte Tornezy, à la peau blanche, aux yeux bleus, aux cheveux d'ébène, bravant, à notre tête, la première bordée des sots propos qu'excite une innovation?... On nous entoura, on nous suivit, on hua, on applaudit; la peur, la joie se succédaient sur nos traits suaves et mobiles, rien ne déconcertait notre impertubable chef. La promenade terminée, Tornezy nous dit en riant : si vous sortez Décadi, vous verrez du nouveau. Effectivement, avant trois jours les passementiers ne pouvaient suffire à confectionner les galons de laine qu'on leur demandait. Le Décadi suivant, les Tuileries, les Champs-Elisées étaient remplis de femmes bariolées de ceintures, de bandelettes, de cothurnes grecs. Tornezy triompha : son passementier lui dût sa fortune.

Les souvenirs de cette époque se pressent tellement dans ma mémoire, que me voilà à cent lieues de la barbe de M. Regnault. J'y reviens.

J'ai dit qu'Eugénie avait paru satisfaite de l'absence de la barbe séditieuse, nous ne pûmes nous défendre, après le premier moment de surprise, d'un mouvement d'hilarité qui se termina involontairement par ce rire inextinguible, caractérisé par Homère. L'épaisseur de la barbe de M. Regnault, s'étant opposé, pendant trois ans, à l'action de l'air sur l'épiderme, son menton et la moitié de son visage étaient d'un blanc mat, tout-à-fait en opposition avec la couleur brune et sanguine du haut de la figure. On croyait voir un demi-masque de Pierrot.

M. Regnault, quoique livré à une terreur secrète, ayant paru même offensé de notre rire bruyant, ne put s'empêcher, en jetant un coup-d'œil sur la glace qui décorait notre atelier, de s'unir à notre gaîté. Eugénie seule ne riait pas, elle attendit que M. Regnault regardât son ouvrage, pour lui dire gravement : — Ces folles-là trouveraient des échos, permettez que j'achève votre toilette. — Le sérieux avec lequel elle prononça ces mots, frappa M. Regnault, nous rappela à la raison. Je ne sais quel mélange d'indigo, de bistre, elle avait tiré d'une boîte à pastels; elle passa sa main sur le menton de M. Regnault, la solution de couleur qui avait provoqué nos railleries disparut si bien, qu'au premier coup-d'œil, on ne distinguait plus la place de la barbe. Eugénie parut se recueillir en elle-même avec délices. M. Regnault la remercia, et dit en riant, qu'il allait fixer sur sa peau ce masque improvisé, jusqu'à ce que l'air ait fait disparaître la blancheur insolite.

Cet incident avait prolongé la leçon ; elle durait encore lorsque madame Regnault accourut effrayée, jetant des cris, disant à son mari de se sauver, qu'on avait été dans son atelier pour l'arrêter, que ne l'y trouvant pas, la force armée cernait la rue Froid-Manteau, qu'on avait sommé d'ouvrir pour faire une *visite domiciliaire*. M. Regnault, aussi éperdu que sa femme, nous priait de le cacher. Nous étions toutes livrées au désespoir; vous avez tort, dit fièrement Eugénie, c'est sans doute encore une méprise, on n'oserait arrêter un artiste tel que vous. — Son air prophétique nous rassura, et rendit à M. Regnault son cœur d'homme. — Je suis de votre avis, dit-il, avec un geste et une dignité romaine; je vais me livrer aux sbires de David, nous verrons s'ils oseront m'empêcher de terminer le tableau que m'a commandé la Convention (*). — Sans écouter les cris de sa femme, qui s'évanouit, M. Regnault descendit dans son appartement, que j'ai décrit, nous étions en proie à des transes cruelles. Eugénie seule s'échappa, tandis que nous prodiguions des soins à madame Regnault. Au bout d'un quart-d'heure, qui nous parut un siècle, Eugénie remonta précipitamment, sa figure rayonnait, ce qui n'était pas habituel. — Rassurez-vous, Mesdames, on n'en voulait qu'à la barbe de notre maître, il ne sera pas arrêté. — Effectivement, il entra presqu'immédiatement, s'unit à nous pour ranimer sa femme. Celle-ci, en recouvrant ses sens, se voyant dans les bras de son mari, crut avoir fait un mauvais rêve.

M. Regnault nous remercia collectivement de l'intérêt que nous avions pris à son sort : « Je » ne sais qui m'a rendu le service de m'engager, » par un écrit anonyme, de faire couper ma » barbe, mais, sans l'ingénieuse idée de mademoiselle Eugénie, il est probable que je n'au- » rais pu donner le change, tandis qu'il est bien » constaté que je ne suis pas l'homme barbu » désigné dans le mandat d'amener, quoique les

(*) *C'était le génie de la Liberté planant sur la France. Ce tableau a été exposé au salon de* 1794.

» noms fussent les miens, le signalement a pré-
» valu. Le brigadier m'a assuré poliment, que
» je ne serais plus exposé à semblable méprise. »

Nous fêtâmes, par un petit bal improvisé, la délivrance de M. Regnault, qu'on n'inquiéta plus.

Quelques jours après, l'héroïque Charlotte Cordai commit un crime inutile, l'infâme Marat n'était qu'une fraction des monstres qui gouvernaient la France. Sa mort devint un prétexte de persécution. Je la vois encore, cette belle Normande, sur l'ignoble charette où elle semblait trôner; un regard fier, un noble et dédaigneux sourire étaient les armes qu'elle opposait à cette vile troupe de furieux et de scélérats gagés pour insulter la victime. Que de pleurs nous répandîmes, lorsque le hideux cortége passa sous notre fenêtre, c'était le 17 juillet. Nous avions jeté des roses effeuillées sur la route que suivait la charette. Plusieurs de nous en furent malades, et lorsque, trois mois plus tard, l'infortunée Antoinette subit, à la honte de la France, le supplice qui devrait être le partage spécial du crime; ce fut pour l'atelier un jour de deuil, nous baissâmes les stores pour ne pas apercevoir l'affreux sacrilége commis envers l'auguste fille des Césars, et pendant neuf jours nous portâmes des bouquets de scabieuse et d'ancolie, en signe de tristesse et d'expiation.

Deux mois après la mort de Marat, parut, sous les auspices de Merlin, de Douai, l'exécrable loi dite *des suspects* (13); plusieurs de nos compagnes furent soumises à cet ostracisme révoltant. De jeunes filles, ne comprenant ni la révolution, ni l'insidieuse politique, s'occupant de leur éducation et des arts, furent chassées de Paris, de leur maison, forcées de vivre loin de toutes leurs affections, quelle barbarie! Longueville figurait sur le tableau des suspects.... A 16 ans, n'ayant plus que sa mère.... Honte aux hommes de 1793!

Longueville avait peut-être des manières trop aristocratiques pour l'époque; elle parlait avec emphase des portraits de sa famille, des faits et gestes de ses aïeux; son élégance n'était pas de niveau avec le *sans-culotisme*. Elle savait l'abîme où des gens de néant voulaient engloutir toutes les gloires de la France; ce qu'elle renfermait de génies supérieurs, de savans, d'artistes, de riches, gémissaient dans les cachots. Longueville en causait quelquefois en petit comité; nous partagions son horreur pour les assassinats juridiques, dont le nombre s'accroissait journellement;

mais ces causeries de jeunes filles, jetées à travers un projet de fête, la création d'une mode, d'un malin croquis, d'un refrain de vaudeville, n'avaient aucun caractère offensif, et ne méritaient ni la mort, ni l'éxil.

C'était dans les premiers jours d'octobre, nous sûmes que Longueville devait quitter Paris, en vertu de la loi satanique. La désolation fut générale dans l'atelier, surtout parmi ses intimes ; j'étais exaspérée, Vallière, fondait en larmes, Tornezy, si rieuse, se livrait à l'expansion de sa sensibilité. Eugénie nous surprit dans un de ces momens, où une juste indignation nous fesait parler à tort et à travers sur les *meneurs*, particulièrement contre Robespierre, qu'on accusait déjà des maux de la France. A l'aspect d'Eugénie, Tornezy pâlit, madame Mongez fit retentir l'atelier de son terrible *chut*. Eugénie jeta un coup-d'œil qui fit frémir celles qui le remarquèrent; seule, peut-être, de l'atelier, j'ignorais le motif de la terreur qu'inspirait Eugénie; j'étais d'une telle insouciance pour ce qui n'avait pas un rapport direct avec mes goûts et mes habitudes, que d'Eugénie je voyais sa bonté, son amitié pour moi, sans m'inquiéter de son existence hors de l'atelier. Son arrivée ne m'empêcha pas, malgré les *chuts* réitérés, de répéter qu'il était affreux de forcer les gens à fuir de chez eux. Je racontai l'histoire de Forbès (14), une de mes compagnes de pension, qu'on nous avait enlevée sous la prévention d'être suspecte ; j'exprimais avec chaleur mon indignation.

Eugénie m'approchant, comme pour regarder mon dessin, me dit à mi-voix : — Qu'y a-t-il donc de nouveau? — On veut que Longueville quitte Paris, comme suspecte. — Ah....., il est vrai qu'elle se dit noble. — Est-ce sa faute? — De le dire, oui, elle est d'ailleurs si impertinente. — C'est faux. — Elle est jalouse de ta liaison avec Vallière. — Que m'importe, Vallière n'aime que moi, toutes les deux nous aimons Longueville. — Je ne l'aime pas, moi! — Vous avez tort, et, quoiqu'il arrive, j'irai voir monsieur Tronson Du Coudray, il m'aime beaucoup (15), et trouvera bien le moyen d'empêcher Longueville de partir. — Belle protection, dit Eugénie, avec une contraction singulière, celui qui doit défendre madame Veto. — Eugénie, quelle expression! laissez ce mot aux tricoteuses des Jacobins; (elle rougit). — Tu aurais donc bien du chagrin, si ta chère Longueville, qui se moque de toi, cessait d'étaler ici son luxe et sa morgue? — Beaucoup.... On peut d'ailleurs faire une exception en faveur d'une jeune personne, dont la mère est veuve, qui s'occupe de peinture, et ne se mêle aucunement des affaires publiques. — Allons, dit Eugénie, qui paraissait avoir pris une résolution.... Engagez-là de rester avec sa mère, de se faire oublier, on ne l'inquiétera pas...., à moins qu'elle-même, par suite de la vanité qui la poigne, ne veuille partir, afin qu'on ne puisse révoquer son *illustre naissance*. — Le ton ironique de cette phrase me déplut, cependant je ne fis aucune observation, je répétais à Longueville le conseil d'Eugénie, elle le suivit avec succès.

Un autre incident m'occupa plus vivement; j'aimais toutes mes compagnes, j'aurais donné ma vie pour Vallière, c'était un autre moi.

Son père, vrai bourgeois de Paris, orfèvre considéré, était un parfait honnête homme; sa mère, femme estimable, très bien élevée, avait conservé la pureté des mœurs de la classe moyenne de la société, où toutes les vertus s'étaient refoulées. La révolution, avec ses crises sanguines, inspirait à cette brave famille une secrète horreur, qu'elle dissimulait assez bien pour ne pas craindre les dénonciations des *frères et amis*. Celle de leurs filles avec laquelle j'étais liée, avait, comme je l'ai dit, une des plus jolies têtes de Paris; sa pudeur, sa modestie, son innocence, ses talens, intéressaient tous ceux qui la voyaient. Jamais attachement ne fut plus mérité que celui qu'elle inspirait.

Un jour Vallière arrive à l'atelier la figure décomposée, les yeux rouges, elle court à moi, m'embrasse, me dit adieu, qu'elle va mourir. Effrayée, je la questionne, elle me raconte, en sanglotant, que le comité révolutionnaire de sa section a envoyé à ses parens l'ordre de la faire monter sur un char, qu'elle était désignée pour représenter la Déesse, à la fête de la Jeunesse; faute d'obéir, la famille serait déclarée suspecte et incarcérée. Le désespoir de Vallière se communiqua à toutes nos compagnes, ses parens avaient dit, qu'ils aimeraient mieux la voir morte que Déesse, Vallière se persuadait qu'elle devait mourir. Mille idées plus extravagantes les unes que les autres, furent émises pour parer le coup fatal. Gui** lui proposa de se défigurer comme la fille du bourgeois de Manosque (16); ce qui nous fit rire, malgré notre chagrin; une autre l'engageait à se cacher. Eugénie arriva pendant ces *entredites*, c'était mon bon conseil, je lui racontai le sujet de nos débats. Je savais qu'elle aimait Vallière, ses larmes le prouvèrent. — Je suis étonnée qu'ils n'y aient pas pensé plutôt, elle est si jolie.... Je ne vois qu'un moyen de parer à cet ordre absurde. Vallière, dites à votre mère de paraître enchantée du choix du comité; qu'elle aille demander au président le costume que vous devez mettre, faites confectionner ce costume dans votre magasin, faites le voir à tous les voisins, affectez de la joie, que vos ouvriers chantent la Marseillaise, puis, Décadi matin, prenez deux grains d'émétique; lorsque le cortége viendra vous prendre, il sera facile de prouver que vous êtes malade, du reste soyez tranquille, on ne vous demandera plus.

Tout s'éxécuta selon l'avis d'Eugénie. Notre gentille compagne garda le lit deux ou trois jours sans être malade. Le comité révolutionnaire fut complètement dupe de la ruse, et une honnête fille, ne fut pas exposé aux regards impudiques des immoraux mythologues républicains.

Tandis que livrées à d'innocentes joies, un rien provoquait parmi nous d'interminables accès de gaîté; que les réparties vives et spirituelles de Tornezy, le ton sarcastique de Longueville, nous fesaient sourire, le délire révolutionnaire arrivait à son paroxysme. Le sang coulait de toutes parts, les bourreaux eux-mêmes en furent effrayés, vint la fête à l'Être suprême, puis le 9 thermidor..... Ce fut un jour de fête générale dans Paris, on respirait avec délice, on se sentait délivré d'un horrible cauchemar sous lequel on étouffait, on s'embrassait dans la rue, c'était un délire universel.

A notre réunion à l'atelier, le 11 thermidor, chacune parlait des événemens qui avaient changé en si peu d'heures le destin de la France. Pauvre Eugénie, disait Vallière, elle ne mourra pas, j'en suis bien contente. — Qu'est-il donc arrivé à cette bonne Eugénie, m'écrié-je ? — Tu ne sais pas. — Non, dites vite. — Quoi tu ignores que sa mère s'est pendue, et qu'elle est arrêtée avec mademoiselle Robespierre, son amie? — Qu'y a-t-il de commun entre Eugénie et ces gens-là. — Un rire universel me choqua, on regarda mademoiselle G**, mon mentor, avec surprise. — C'est la vérité, elle ignore ce qui se dit d'Eugénie, peut-être la calomnie-t-on à cause du terrible personnage qui demeurait chez ses parens. Je n'ai pas voulu familiariser mon élève avec la possibilité du vice, aujourd'hui je sens qu'il serait difficile de lui cacher la vérité, ou du moins ce qu'on dit généralement. — J'étais sur des épines; madame Lebreton, jeune femme douce et sensible, dit en rougissant : — On assure qu'Eugénie Duplay, était la maîtresse de Robespierre. — Ah! mon dieu, serait-il possible que cette bonne et généreuse créature se soit ainsi avilie? J'étais attérée. — Écoutez, s'écria Henriette, ne jugez pas sur l'apparence. La malheureuse Eugénie n'était pas la maîtresse, mais la femme du monstre, que son âme pure décorait de toutes les vertus, un mariage secret les unissait, Saint-Just en a été témoin.

Mademoiselle Robespierre, contraste parfait de son frère, fille pieuse, résignée, amie d'Eugénie, a exigé qu'un prêtre sanctionnât l'alliance de la vertu et du crime. Eugénie a cédé à la fascination d'un amour sans égal. Robespierre était à ses yeux le type de l'honneur et de la délicatesse; elle le croyait calomnié, victime des partis, et tel est le privilége de la vertu, que cet homme, souillé de tant de sang, estimait Eugénie, au point de lui cacher la part qu'il avait aux crimes du tribunal révolutionnaire; l'ascendant qu'elle avait sur l'homme qui fesait trembler la France, se manifestait à l'égard de toutes les personnes auxquelles Eugénie s'intéressait; M. Regnault, plusieurs de nous, de nos parens, lui sommes redevables de la vie, « toi, particulièrement (s'adressant à moi), dont les liaisons avec les familles Paris et Saint-Chamans, avaient attiré la surveillance du comité, tu dois à Eugénie la tranquillité dont tu as joui malgré tes fréquentes visites à la conciergerie, et lorsque dernièrement tu fis un voyage à Arras et à Cambrai (17), où tu devais être arrêtée par Joseph Lebon, c'est Eugénie qui a prévenu ce malheur, en fesant intervenir les ordres de son mari, car, vainement tu aurais allégué tes 15 ans, Lebon aurait poursuivi sa vengeance. »

J'ai cru, mesdames, devoir disculper Eugénie de toute complicité avec celui qu'un sort fatal offrit à ses yeux, qui la séduisit en empruntant l'apparence des vertus. C'est un hommage qu'il a rendu à cette infortunée.

Lorsqu'elle sut le supplice de son mari, elle douta encore de ses crimes, et voulut, comme madame Duplay, sa mère, terminer ses jours ; elle fut heureusement secourue assez tôt, pour ne laisser aucune crainte sur son existence. J'ai l'espoir que sa détention et celle de mademoiselle Robespierre, ne sera pas longue. Lambin et moi avons été parler à Tallien ; il nous a assuré que justice serait faite, que l'innocente Eugénie serait bientôt rendue à ses amis; voilà, mesdames, l'exacte vérité.

Mon cœur, si oppressé, se dilata, il m'eût été

pénible de revenir sur l'opinion que j'avais de cette bonne créature, subjuguée par un pouvoir auquel tant de gens s'étaient soumis.

Je ne revis plus Eugénie à l'atelier, mais lorsque, peu après, je retournai dans ma famille, je reçus d'elle plusieurs lettres que je conserve, elles ne font aucune allusion au passé, et décèlent les sentimens les plus nobles, les plus délicats.

Je ne sais ce qu'elle est devenue, ainsi que mes autres compagnes, leur souvenir fait encore battre mon cœur, en pensant que je leur ai dû les jours les plus riants de mon existence.

NOTES.

NOTES.

---

(1) « M. Regnault, comme peintre, n'a suivi » aucune manière ; il obéit à la seule impulsion de son » génie, dont l'inspiration est aussi diverse que facile » et prompte ; il traite chaque sujet avec le style qui » lui convient.

» La pureté du dessin et le charme du pinceau, » s'unissent chez lui à une grande vigueur d'exécution ; » aucun artiste n'a peut-être mieux peint un torse.

» Sa manière de dessiner sur le papier est large et » ferme. M. Regnault copie Michel-Ange, avec une » rare perfection.

» Le caractère de cet artiste n'est pas moins recom- » mandable que son talent ; il est d'une société douce, » aimable, gaie, son commerce est agréable, son âme » est ferme ; excellent père de famille, il fait le bonheur » d'une femme charmante et vertueuse. Mme Regnault » peint le portrait à l'huile, etc. »

Vie des Peintres de l'Académie, (1806.)

(2) M. Regnault avait non-seulement toutes les vertus qui constituent l'homme honnête ; mais une urbanité, une douceur rare, avec une imagination aussi vive que la sienne : sa conversation animée, gaie, spirituelle, était rehaussée d'un jeu de physionomie extrêmement gracieux ; dans la société il était homme du monde ; dans son atelier, artiste exalté, sans toutefois abandonner ces formes aimables, ce laisser-aller affectueux qui le distinguait ; ses élèves le chérissaient comme un père. Ses observations, toujours polies, ne blessaient jamais l'amour-propre, il devinait le talent, encourageait les essais avec une indulgence qui fesait éclore le génie. La paresse seule le rendait inflexible ; j'ai vu renvoyer de l'atelier quelques jeunes personnes pour ce seul motif.

(Note de l'auteur.)

---

(3) L'atelier était dans la galerie du Louvre qui donne sur le Quai, au-dessous du Muséum ; on entrait par la rue *Froid-Manteau.* M. Regnault et sa famille occupaient l'entresol. Il fallait passer dans l'antichambre de madame Regnault, pour monter à notre atelier, qui que ce soit n'aurait pu se glisser inaperçu, l'antichambre étant constamment occupée par madame Regnault, à qui nous parlions toutes en arrivant.

L'atelier particulier de M. Regnault, et son atelier de jeunes gens, étaient dans le Louvre.

(Note de l'auteur.)

(4) Pour donner une idée de cette aimable fille, je citerai la première lettre qu'elle m'écrivit lorsque je retournai dans ma famille.

Paris, 4 Messidor an 3.

« Un poulet.... Je te vois d'ici reculer deux pas en arrière ! Hé bien, mademoiselle, un poulet n'est-il pas fait pour une jolie femme ? A ce titre, ne méritez-vous pas tous ceux du Mans et de la Normandie?,.. Mais trève de plaisanterie; tu te portes bien, j'en suis enchantée; tu as vu ma sœur qui te trouve très aimable, et qui espère bien te voir souvent pendant ton séjour à Valenciennes; tu vas à la comédie tous les jours, où sans doute tu ne t'ennuies pas; il n'en est pas de même pour tes compagnes, qui se plaignent déjà hautement de ton absence, et vont chaque jour dans le temple de Cérès, offrir des vœux pour accélérer la moisson nouvelle, qui doit leur ramener l'amie qu'elles regrettent, par conséquent la joie et le bonheur.

» Ne crois cependant pas que la douleur soit si complète, qu'on n'ait plus de voix pour l'exprimer.

» Les petits secrets, les grandes lamentations sur les petits malheurs, le romantique, la toilette, la *sensiblerie,* tout, ainsi que les astres immuables, a toujours son cours ordinaire. C'est donc te dire que la jolie Vallière écoute continuellement, que sa belle et intéressante amie cause sans cesse, et que L**, pour te remplacer, fait la troisième tête dans le conseil.

» Mais, entre nous, c'est assez médire de son prochain, et je crois devoir passer aux nouvelles intéressantes.... madame Regnault a pris perruque, *oui perruque,*

perruque à la grecque, perruque bouclée, c'est moi qui l'ai choisie, je t'assure que cela lui va fort bien.

» Mais madame Regnault à la mode! Cela est drôle, diras-tu, eh bien! Mademoiselle, son mari l'a voulu, et vous savez que l'on doit faire tout ce que veut son *maître*, vous ordonnât-il de vous jeter par la fenêtre.

» Ton aimable amie, mademoiselle Gro..., a posé aujourd'hui pour moi, et continuera pendant quelques jours à avoir cette complaisance; elle a de charmans bras, mais cela ne m'empêche pas de songer que je devais t'avoir cette obligation, et que je ne sais quand je te reverrai, ce qui m'afflige, car je désire vivement te prouver que l'amitié que tu m'as inspirée est sincère, et que je te distingue autant de tes compagnes, que tu mérites de l'être.

» Adèle Tornezy. »

---

(5) Naudet était en correspondance avec moi; outre l'originalité de mon style, souvent j'avais la manie de rimer des mots, madame de Montesson lisait les lettres de sa petite protégée, elle voulut me voir. Pour m'engager indirectement à satisfaire ce caprice de princesse, elle m'adressa, par Naudet, un exemplaire, magnifiquement relié, de son poème de *Rosamonde*, avec une jolie lettre parfumée, encourageant mes faibles essais, manifestant le plaisir qu'elle aurait à causer avec moi; force me fût d'aller remercier de l'œuvre charmante. J'avouerai franchement que ma vanité fut chatouillée d'être reçue de cette femme aimable, qu'on appelait,

dans son intérieur, princesse d'Orléans. Je n'entrerai pas dans le détail des visites que j'eus l'honneur de lui faire, mais depuis que l'expérience m'a appris à comparer, à juger, j'affirmerai que madame de Montesson réunissait tout ce qui peut plaire et attacher. La sublime voix de madame de Genlis a été impuissante pour entacher une vie si pleine d'attraits et de bonnes actions; j'oserai même ajouter que si la nièce était plus savante, la tante avait un esprit créateur, une *cointise* qui peut-être ont excité l'envie de l'illustre madame de Genlis.

(Note de l'auteur).

---

(6) J'ai retrouvé parmi les notes que j'ai l'habitude de prendre de tout ce qui me frappe, le mot à mot de ce monologue, écrit au crayon, sous la date du 27 Messidor an 11.

(Note de l'auteur.)

---

(7) Je puis, sans qu'on m'accuse de sotte présomption, parler de ces petits succès de mon adolescence, outre un bel organe, que je devais à la nature, j'avais eu le bonheur de recevoir des leçons de lecture de M. De La Harpe, il n'était donc pas merveilleux que je susse lire.

(Note de l'auteur.)

---

(8) Trois fois David concourut sans succès pour le

grand prix, il n'obtint que les deuxième et troisième, Les sujets étaient :

1. *La Lutte allégorique de Mars et de Minerve.*
2. *La Mort des enfans de Niobé.*
3. *La Mort de Sénèque.*

Enfin, au quatrième concours, dont le sujet était *la Maladie d'Antiochus,* il eut le grand prix ; M. Regnault l'avait obtenu au premier concours, en 1775, il avait alors 21 ans. Le sujet était *Diogène dans son tonneau, répondant à Alexandre.* Pensionnaire à Rome, M. Regnault fit un *Baptême de Jésus-Christ par Saint-Jean,* qu'on prit pour être d'un maître italien.

En 1783, les deux rivaux exposèrent chacun un tableau, celui de (David), *la Douleur et les Regrets d'Andromaque, sur le corps d'Hector, son mari;* ton jaune, dessin incorrect.

L'autre (Regnault), *l'Éducation d'Achille par le Centaure Chiron,* chef-d'œuvre, qui mit l'artiste au premier rang, lui valut la haine de David et l'honneur d'être reçu membre de l'Académie.

C'est en 1785 que le *Tableau des Horaces* fit à David la réputation de talent qu'il a conservée jusqu'à sa mort.

(Note de l'auteur.)

---

(9) M. Regnault contait admirablement, il avait beaucoup vu, sa mémoire était un prodige, l'histoire, la géographie, les langues étrangères lui étaient familières ; très jeune encore, s'ennuyant en Amérique, où

sa famille avait été forcée de se rendre pour des affaires d'intérêts; il s'embarqua, fit, pendant six ans, des voyages de long cours. Son père, ses trois frères moururent, sa mère, ignorant sa destinée, repassa en France, elle débarqua au Havre, où, par un hasard heureux, le capitaine commandant le bâtiment sur lequel était le jeune Regnault, apprit le désespoir de cette mère, et lui rendit son fils unique. Les soins qu'il prodigua à l'auteur de ses jours, sont encore des titres à l'estime qu'a méritée M. Regnault.

(Note de l'auteur.)

---

(10) Cette assertion paraîtra un blasphème aux yeux des républicains; il est pourtant certain que David a dit à M. Girodet, qui me l'a répété : « Sans » ce maudit Regnault, je n'aurais pas pensé à me » mêler parmi ces bêtes féroces; mon pinceau suffisait » pour m'immortaliser, mais l'idée poignante de l'in- » justice que j'avais éprouvée, me poursuivait comme » un spectre; je voulais me venger, qu'en est-il » résulté? Cet imbécile que j'aurais dû abandonner à » sa paresse, à sa nullité, se targue aujourd'hui d'une » persécution qui n'a pas eu de résultat, tandis que » moi, David..., ils m'appèlent régicide.... »

(Note de l'auteur.)

---

(11) *Diane et Calisto, Mars désarmé par les Grâces*, et autres tableaux de chevalet, reproduisent les jolies

têtes de mesdemoiselles V**, T**, L**, M**, H**, etc.

(*Note de l'auteur.*)

---

(12) *Broyons du rouge*, s'écriait David, lorsqu'il signait l'envoi de quelques victimes au tribunal révolutionnaire.

(*Historique.*)

Il est pénible de penser que cet homme célèbre ait été la proie du délire révolutionnaire, et qu'il ait acheté une puissance éphémère, au prix de l'exil et de remords poignans. David n'était pas né pour le crime; la véhémence de ses passions l'a seule entraîné dans une fausse route. Sa générosité, sa magnanimité sont consignées dans l'histoire; chacun sait qu'en 1793, il ne consentit à vendre ses chefs-d'œuvres, *les Horaces* et *Brutus*, que sous la condition que leur prix serait consacré au soulagement des orphelins et veuves des citoyens tués au siége de Lille.

Dans son exil, Wellington lui ayant demandé avec prière de faire son portrait. — Je ne peins que les héros, répondit le grand peintre.

Le roi de Prusse l'ayant fait solliciter directement par le prince de Hatzfeld, son ambassadeur, de se fixer en Prusse, David répondit : « Le premier peintre de » l'empereur Napoléon, ne peut-être premier peintre » d'*aucun* souverain de l'Europe. »

(*Historique.*)

Madame la duchesse d'Abrantès, dans ses mémoires intéressans, autant par le charme du style, que par l'exactitude des faits, semble jeter du blâme sur David, en parlant de l'exposition du *Tableau des Sabines*, pour la vue duquel il fesait donner une rétribution d'un franc, madame d'Abrantès ignore sans doute que cette abnégation admirable de David, voilait le plus bel acte de sa vie; cet argent était destiné à sauver du désespoir, une famille malheureuse, dont le chef, régicide par conviction, était mort en laissant un nom abhorré; initiée dans le secret, je puis révéler le fait, sans nommer les objets de la bienfesance de l'artiste qui existent encore. David entendit les murmures, il se tût, quel homme eût agi comme lui?

(*Note de l'auteur.*)

---

(13) Il est à propos de rappeler cette loi liberticide, que les républicains de 1832 n'ont pas assez étudiée, c'était une reminiscence de l'édit de Blois, de 1560, connu sous le nom de *la loi des suspects*, en vertu de laquelle on établit une chambre *ardente*, qui condamnait à mort les *réformés*. Cette loi causa des malheurs infinis, elle servit toutes les passions, fit naître les délateurs, et fut suivie de l'établissement en France des jésuites, malheureux instrumens de la discorde et des troubles publics.

(*Historique.*)

(**LOI DES SUSPECTS**) (*Extrait.*)

« Immédiatement après la publication du présent
» décret, tous les gens suspects, qui se trouvent sur
» le territoire de la république, et qui sont encore en

» liberté, seront mis en état d'arrestation. Sont » réputés suspects, ceux qui, soit par leur conduite, » soit par leurs relations, soit par leurs propres écrits, » se sont montrés les partisans de la tyrannie ou du » fédéralisme, et ennemis de la liberté; ceux qui ne » peuvent justifier de l'acquit de leurs devoirs civi- » ques; ceux à qui il a été refusé des certificats de » civisme; ceux des ci-devant nobles, ensemble les » maris, les femmes, pères, mères, fils ou filles, » frères ou sœurs, et agens d'émigrés, qui n'ont pas » constamment manifesté leur attachement à la révo- » lution. Les tribunaux civils et criminels, pourront » faire retenir en état d'arrestation, comme gens » suspects, et envoyer dans les maisons de détention, » les prévenus de délits, à l'égard desquels il serait » déclaré n'y avoir pas lieu à accusation, ou qui » seraient acquittés de celles portées contre eux. »

Ce décret, dit l'abbé de Montgaillard, qui laisse à l'arbitraire le choix et le nombre des victimes, s'interprète au gré des passions et des vengeances des agens subalternes. 300,000 individus sont déclarés suspects par les comités révolutionnaires. On ne peut éviter d'être suspect, qu'en exerçant un état *mécanique*, ou en dénonçant des suspects. Le délire est tel, qu'on emprisonne des individus de toute nullité, sous la prévention de suspect, *d'être suspect*.... Quel champ pour le crime, pour la vengeance, le système de dénonciation, l'emploi de dénonciateur s'étendent dans toutes les classes, et si l'on veut compulser les archives de cette époque, on verra des individus qui se sont dénoncé mutuellement le même jour, et qu'on emprisonnait sur leurs dénonciations réciproques.

(*Histoire de France.*)

---

(14) L'épisode relatif à cette belle et intéressante créature, se trouve dans le premier chapitre de cet ouvrage, intitulé : *une Maison d'Éducation.*

(*Note de l'auteur.*)

---

(15) J'avais vu souvent M. Tronson du Coudray chez madame de Saint-Chamans, chez mademoiselle de Paris, pour laquelle il avait de l'admiration, de l'enthousiasme, il s'intéressa à moi, comme si j'eusse été sa fille. Un jour je surpris une de mes amies pleurant amèrement, j'arrachai son secret, mille écus lui étaient absolument nécessaires, elle ne connaissait personne qui pût les lui prêter, elle n'avait ni hypothèque, ni gage à offrir. Quoique bien jeune, j'avais apprécié M. Tronson du Coudray, je m'adressai à lui ; on jugera son âme par sa réponse, que je conserve précieusement.

18 *Vendémiaire an* III.

« Vous n'avez point du tout commis d'indiscrétion,
» aimable citoyenne, en me demandant pour votre
» amie, les mille écus dont elle a besoin, c'est une
» marque de confiance et d'estime dont je ne puis que
» vous savoir gré, et qui ne fait que vous rendre plus
» intéressante à mes yeux.

» Je vais tâcher de vous procurer les mille écus, » et il est probable que je réussirai; s'il m'arrive des » rentrées d'ici à quelques jours, croyez que je n'abandonnerai pas à un autre le plaisir de vous obliger; » quand à votre intérêt, vous diminuez un peu, sans » vous en apercevoir, le mérite de votre confiance; ni » moi, ni mes amis, n'obligeons *avec intérêt.*

» Parlez-moi, quand vous me verrez, avec la même » franchise, il n'y a point à *trembler*, quand on parle » d'une chose honnête, et à un honnête homme.

» Adieu, jeune et aimable citoyenne, croyez à mon » dévouement comme à mon estime. »

TRONSON DU COUDRAY.

Il prêta lui même cet argent, qui ne lui fut rendu que trois ans après, il ne voulut accepter aucun intérêt.

(Note de l'auteur.)

---

(16) En 1516, François Ier allant en Italie, passa par Manosque, les clefs de cette ville lui furent présentées par la fille d'un bourgeois, chez qui il alla loger; la jeune personne plût au Roi, il ne pût le lui cacher, mais comme elle avait autant de vertu que d'attraits, pour sauver son honneur, elle fit brûler du soufre sur des braises, la fumée à laquelle elle s'exposa, s'imprégna sur son visage, au point de la rendre méconnaissable. Une riche dot, fut le prix de cet acte de courage. *(Historique.)*

(17) Ce voyage, un des événemens les plus singuliers de ma vie, est le titre du chapitre deuxième, des souvenirs de 1793 et 1794.

(Note de l'auteur.)

FIN DES NOTES.

www.ingramcontent.com/pod-product-compliance
Ingram Content Group UK Ltd.
Pitfield, Milton Keynes, MK11 3LW, UK
UKHW031953260826
14628UKWH00005B/2013